FRANCE D'ASIE

L'INDOCHINE MODERNE - ÊTRE OU NE PAS ÊTRE
VERS LE DOMINION

GÉNÉRALITÉS. — Les événements qui se déroulent dans l'immense république chinoise ont des échos qui se répercutent de façon profonde sur les rives du Pacifique. Ils devraient retenir l'attention de la France sur l'Extrême-Asie. Là-bas, un territoire de 710,842 kil. carrés (1), peuplé de 20 millions (2) d'habitants est placé sous la tutelle française. Soixante-dix ans se sont écoulés depuis le jour où l'Empire d'Annam, province par province, fut placé, par droit de conquête, sous le protectorat de la France. Celle-ci promit solennellement au vaincu de l'aider à poursuivre le cycle normal de son évolution afin de **l'amener au rang d'état moderne.**

La paix française a régné en ces pays. Au fur et à mesure de leur prospérité matérielle, les indigènes aspirent à un régime politique et administratif plus libéral que celui jugé nécessaire au début de la conquête. Les Annamites forment un groupement ethnique homogène de 18 millions d'habitants (3), dont la civilisation se réclame d'une étroite parenté avec celle de la Chine millénaire. Notons que la Chine a devancé l'Europe de plusieurs milliers d'années dans la voie des plus hautes spéculations de l'esprit humain. L'Annam est fier de ses héros qui levèrent l'étendard de l'indépendance contre les armées chinoises, de ses Jeanne d'Arc : les sœurs Trung-Nhi, Trung-Trac, de ses Vercingétorix. Ils font aujourd'hui l'objet d'un culte pour avoir, au cours de mille ans, chassé par quatre fois l'envahisseur du sol national : du Viet-Nam.

Le canon de Southüma vint annoncer au monde étonné la défaite du plus grand empire européen. Les enfants d'Annam, à la lueur des feux de joie que le Petit Nippon alluma pour célébrer sa foudroyante victoire sur le colosse russe, entrevirent, il y a une vingtaine d'années l'aube d'une ère nouvelle. Ils crurent à leur émancipation sous l'égide de la France. Un cahier de doléances rédigé on n'a jamais su par quels « Jeunes Annam », dont la plupart sont morts aujourd'hui, fut adressé au chef suprême de l'Empire colonial français d'alors, M. Clémentel. Dans un geste généreux, dont nous gardons l'ineffaçable souvenir, le Ministre des Co-

---

(1) Recensement de 1921.

(2) 19.578.218 habitants, recensement de 1923.

(3) Suivant les chiffres donnés par le recensement de 1923 la population annamite forme le 85 % de la population totale.

lonies décida que désormais la « politique d'association » remplacerait celle de « domination » ! Un Gouverneur Général, au cœur sensible et à l'âme généreuse, en même temps que doué d'un grand sens politique avisé, se trouva pour appliquer loyalement les directives métropolitaines. Hélas ! M. Paul Beau ne devait pas achever l'œuvre à peine ébauchée, le Gouvernement de la République le rappela. Il fut représenter la France auprès du Gouvernement helvétique. D'année en année, les événements se suivant, ont fini par accumuler des nuages gros de menaces sous le ciel indochinois, dans l'atmosphère perturbée de l'Extrême-Asie.

Nos compatriotes regardent avec terreur leur situation au milieu de nos voisins asiatiques ; par une cruelle ironie du sort, l'Indochine, placée sous le protectorat français, se trouve en effet être le pays le plus arriéré de tout l'Extrême-Orient. Un malaise indéniable règne dans ce pays que d'aucuns appellent « **le balcon français sur l'Océan Pacifique** ». Des problèmes nouveaux graves et complexes se posent en terre d'Annam depuis la guerre. En retour des preuves d'attachement et d'amitié que les Annamites ont données à la Patrie française pendant cette lutte qu'on leur disait entreprise pour le triomphe du Droit et de la Justice, les Indo-Chinois ne demandent rien à la nation tutrice que celle-ci ne puisse accorder. Le refusant, la France manquerait à ses promesses solennelles réitérées du haut de la Tribune du Parlement, faillirait aux principes de Justice et de Liberté dont elle s'est constamment proclamée le champion à travers le monde, et enfin se déroberait aux devoirs d'humanité qu'une grande nation se doit d'observer pour conserver le rang qu'elle occupe parmi les peuples civilisés. Les Annamites demandent avec d'autant plus de confiance que forte est leur conviction de ne heurter d'aucune manière ni les intérêts légitimes des européens établis dans leur pays, ni de faillir à leurs sentiments de loyalisme et de reconnaissance eu égard à l'œuvre éducatrice de la France en Indo-Chine. Leurs doléances constituent un minimum de conditions indispensables au libre jeu de leurs facultés intellectuelles et morales et au relèvement de leur dignité humaine. Dans cet appel ému que nous adressons ici au peuple français pour obtenir la réalisation des aspirations légitimes de nos compatriotes, nous tenons avant tout à exprimer notre reconnaissance à « l'Ere Nouvelle », qui, généreusement met ses colonnes à notre disposition.

NOS REVENDICATIONS POLITIQUES. — Que demandons-nous à la nation tutrice ? Rien, que la France Républicaine ne puisse accorder à un peuple civilisé qu'elle a promis librement et solennellement dès les premiers jours de son installation, de conduire dans la voie du progrès :

1° **La Liberté de penser et d'écrire dans notre langue maternelle**, pour épandre dans la masse de nos concitoyens les idées nouvelles et les notions de sciences modernes acquises en Occident. **Cette liberté nous est en effet refusée**, bien que la loi sur la presse soit promulguée en Indochine. Toute publication en langue annamite est subordonnée à l'autorisation préalable de l'administration locale et à la censure préventive du service de la sûreté. Cette autorisation peut être retirée sans que le Gouvernement Colonial ne soit tenu de donner la moindre explication. On conçoit que dans de telles conditions, la pensée indigène est pratiquement jugulée.

2° La Liberté d'association et de réunion nous est également refusée ; aucune société même d'enseignement mutuel ou de secours mutuels ou de sports, ne peut être fondée sans la permission administrative. Systématiquement, depuis quelque temps, à toutes demandes d'organisations nouvelles, l'Autorité Locale oppose le silence le plus absolu. Nous sommes à même de fournir la preuve de cet ostracisme intransigeant en Cochinchine.

3° « La liberté de voyage » n'existe pas davantage, même à l'intérieur de notre territoire. A tout étudiant désireux d'aller faire ses études en France, l'Administration coloniale impose des formalités policières, qui, la plupart du temps, équivalent à un refus de permis de circulation sous le prétexte inattendu que le « chemin de France est le chemin de l'anti-France ». (« Courrier Saïgonnais »).

A côté de ces réformes fondamentales, que nous sollicitons, d'autres, d'ordre administratif, nous semblent nécessaires pour assurer l'émancipation progressive et intégrale de la personnalité annamite. Cette personnalité entend se fortifier et se compléter pour apporter un concours loyal et dévoué à l'œuvre française en Extrême-Orient : **le bastion de l'influence française dans le Pacifique doit être l'Indochine.**

ENSEIGNEMENT. — Au fur et à mesure de l'évolution des Indigènes, et sous l'influence des nécessités de la vie moderne, les Annamites attendent du Gouvernement tuteur la possibilité de les initier à la science occidentale. Or, l'enseignement public en Indo-Chine est organisé de telle façon que les indigènes sont fatalement condamnés à des études tronquées, susceptibles seulement de faire des sous-commis, des agents subalternes ; c'est ainsi que la soi disant Université de Hanoï, ne délivre aucun certificat valable pour les études supérieures dans la Métropole. **L'Université Indo-Chinoise n'est qu'une façade, destinée à tromper l'opinion publique métropolitaine** (voir articles de Georges Grandjean « Ere Nouvelle », du 6 au 10 mars 1925 et Félicien Challage, « Cahiers de la Ligue des Droits de l'Homme », du 10 mars 1925).

Dans l'enseignement secondaire il n'existe pour nos 20 millions d'habitants que deux collèges où les indigènes ne sont admis que s'il reste des places après l'inscription des français. Le **baccalauréat local**, qui n'est pas reconnu par l'Université de France, n'ouvre au titulaire que les portes des Ecoles Supérieures de Hanoï. Malgré cet état de choses, un Gouverneur Général de l'Indo-Chine dans un discours retentissant, a déclaré qu'il fallait avant tout développer l'enseignement indigène dans « le plan horizontal » ; et un sous-gouverneur à Saïgon a renchéri sur les paroles de son chef : « des intellectuels, nous n'en voulons pas » a-t-il déclaré.

L'organisation de l'Enseignement primaire, est telle qu'il y a un décalage de 2 à 3 ans pour les enfants annamites qui aspirent à entrer dans l'enseignement secondaire, où appliquant les règles de la Métropole, on les refuse invariablement parce que trop âgés. Un recteur français, d'une des plus grandes Universités françaises, détaché en Indo-Chine, a dû rentrer dans la Métropole pour ne pas s'associer à une telle œuvre d'obscurantisme. Tout le système de l'enseignement semble être conçu pour interdire l'instruction française complète aux indigènes. Cette situation est encore aggravée par l'insuffisance des écoles primaires. Voyons les chiffres.

En Cochinchine, il y avait en 1904 : **6,709** élèves et **64** maîtres français pourvus du baccalauréat ou du brevet supérieur. Etaient adjoints à ces maîtres 121 instituteurs locaux et 27 instituteurs provinciaux.

En 1924, soit 20 ans après, nous trouvons :

62,603 élèves garçons } Soit un total de 72,809 élèves
10,106 élèves filles }

auxquels l'Administration donnait seulement **125** instituteurs français et 371 maîtres indigènes.

D'autre part, la population annamite, en âge de scolarité, pour la seule Cochinchine peut être évaluée à 600 mille unités. Les 9/10e de nos enfants **ne peuvent donc fréquenter l'école faute de place** (1).

Devant l'insuffisance des écoles du gouvernement, les indigènes organisèrent l'enseignementl libre. Un décret vient d'être pris (décret du 14 mai 1924, promulgué le 18 septembre suivant), soit disant pour réglementer cet enseignement, mais pour ceux qui savent lire les textes, cette nouvelle réglementation n'a d'autre but que celui de supprimer ou d'entraver cette organisation indépendante, jugée dangereuse par l'autorité coloniale. Quand on songe que sous la monarchie nationale **l'enseignement était totalement libre et gratuit à tous les degrés**, et qu'il n'existait **pas une seule commune** où il n'y eût plusieurs écoles, on comprendra que le régime actuel, institué par l'administration coloniale française porte atteinte à l'une des traditions les plus respectables du peuple protégé et contrarie fortement son légitime désir de s'instruire. Les repercussions morales de ce régime sont incalculables parmi les indigènes.

Les peuples asiatiques voisins assistent en témoins amusés à cette politique inattendue d'une nation protectrice occidentale qui cherche par tous les moyens à empêcher ses protégés d'apprendre sa langue et sa littérature (2). Combien la vraie figure de la France civilisatrice apparaît effacée, méconnaissable même, à travers la façade des monuments de l'Université indochinoise !

ADMINISTRATION. — Les indigènes, à égalité d'instruction sont maintenus dans des situations administratives inférieures, des cadres latéral ou secondaire, avec des soldes de 5 à 8 fois moindres que celles allouées aux fonctionnaires français. Nous demandons que celles-ci, qui grèvent lourdement nos budgets —

---

(1) M. Merlin, dans son dernier discours au Conseil supérieur de l'Indochine l'avoue, disant que sur 2 millions d'enfants en âge de scolarité, les écoles publiques ne disposent de places que pour 200.000.

Le Japon ne s'en cache pas. (Albert Maybon, dans la *Dépêche coloniale*.)

puisque les 8/10e de recettes du budget cochinchinois sont consacrés à l'entretien du personnel — soient révisées. Nous demandons qu'elles soient ramenées à des taux raisonnables comparativement à ceux de la métropole et des autres colonies françaises. Les conditions d'existence en Indo-Chine ne sont pas plus pénibles qu'en Afrique Occidentale ou à Madagascar.

Or, un agent, pourvu **du certificat d'études primaires** ou du baccalauréat, reçoit de 3,000 à 3,600 francs de **solde mensuelle** de début, sans compter les suppléments et indemnités de 2,000 à 3,000 par an pour remplir les fonctions dont il est titulaire. Rares en effet sont les fonctionnaires Indo-Chinois qui ne touchent pas une indemnité de fonctions, à tel point qu'on a pu dire qu'en Indochine « la solde est une indemnité de présence de l'agent européen dans la colonie et tout travail lui est payé en sus sous forme de supplément de fonctions » (Violette, rapporteur général des budgets coloniaux). Les traitements spéciaux ne se comprendraient que pour les techniciens dont la colonie pourrait avoir besoin à une période d'organisation et l'on convient qu'il fut nécessaire de faire des situations à des sujets d'élite susceptibles de diriger ou de créer un service technique ou de remplir des postes particulièrement délicats. A des agents de haute valeur intellectuelle ou professionnelle, l'Indo-Chine peut avoir avantage à offrir des traitements spéciaux, mais les indigènes ne s'expliquent pas les privilèges accordés en bloc à tout le personnel français, dont un grand nombre n'ont d'autres « supériorités » sur les Annamites que d'être européens. En signalant ces abus, un journal métropolitain conclut : (« Le Quotidien ») : **« Il est temps que le Ministre des Finances impose ses vues à son collègue des Colonies et brise net cet abus qui dévore le budget de l'Indo-Chine et obère le nôtre par répercussion, cette injustice qui affole nos fonctionnaires coloniaux, civils et militaires, ce scandale qui déconcerte les contribuables. »**

Une telle dilapidation des finances, dont nous sommes les pourvoyeurs pour les 9/10e, nuit à la collectivité, puisqu'elle consacre le plus clair de nos ressources « à payer des soldes » alors qu'il nous manque des écoles, des hôpitaux, des œuvres sociales ; alors qu'on a recours à la régie de l'opium et à « l'alcool » pour remplir les caisses de l'Etat. Les indigènes offrant les mêmes capacités techniques, la même culture intellectuelle, les mêmes garanties professionnelles, se contenteraient de soldes moindres pour remplir les mêmes fonctions, sans suppléments d'aucune sorte. Pendant les cinq années de guerre, où la grosse majorité des agents français étaient mobilisés, la machine administrative n'a pas moins continué de fonctionner de façon satisfaisante, avec le concours du personnel indigène qui ne fut même pas renforcé.

Nous demandons donc qu'on révise l'échelle des traitements du personnel français et annamite, en se basant sur les conditions d'existence, sur les services rendus et les aptitudes professionnelles, compte spécial étant tenu sans exagération des besoins spéciaux et de l'expatriement des agents européens. Des centaines de millions seront ainsi économisés pour permettre des travaux utiles, tout en assurant entre les fonctionnaires français et indigènes une collaboration plus étroite. Les Annamites s'intéresseraient davantage à leur travail, ils cesseraient de voir dans leurs collègues blancs une caste privilégiée.

Une révision des cadres s'impose également pour déterminer les emplois administratifs à confier aux Annamites justifiant des capacités techniques et de la culture intellectuelle voulue. L'Indo-Chine qui alloue actuellement à la métropole une maigre subvention de 100 millions pourrait faire davantage si ceux qui ont charge de la gestion des finances coloniales se montraient plus soucieux des intérêts collectifs, s'ils ne favorisaient point une oligarchie...... oligarchie électorale, hâtons-nous de le dire.

DROITS POLITIQUES. — Les Annamites, quoique sujets français ne jouissent d'aucun statut polititque. Le député de la Cochinchine, terre française depuis 70 ans, n'est que l'élu d'un collège électoral de 3.000 citoyens dont la moitié est en congé en France. Elu en 1914 par 1.000 voix et en 1925 par 1.500 dont les 8/10e sont fonctionnaires, quels intérêts le député de la Cochinchine prétend-t-il **représenter ? Au nom de qui parle-t-il quand il se réclame du mandat Indo-Chinois au Parlement français ?**

Nous demandons que les Annamites instruits, diplômés de l'Université métropolitaine ou de l'Université de Hanoï, les membres de la Légion d'honneur, les agents de l'Administration coloniale ayant au moins 15 ans de services, les anciens militaires et marins retraités, les médaillés militaires, les croix de guerre, parlant et écrivant le français, enfin les agriculteurs, les commerçants et industriels payant une quotité d'impôt à déterminer et pourvus du brevet élémentaire ou du diplôme de fin d'études supplémentaires, soient admis de droit à la jouissance des droits de citoyens français par simple option par acte déposé entre les mains du Président du Tribunal de leur résidence. Il ne s'agit pas de **la naturalisation en masse,** que nul Annamite n'a jamais réclamée et contre laquelle l'élite indigène s'est constamment prononcée parce que préjudiciable à l'évolution paisible de notre pays, mais d'une admission liberale, élargie à la qualité de citoyens, d'un nombre relativement restreint d'Annamites qui le justifient par leur culture occidentale, par les services rendus à la cause française, par leur situation morale et sociale dans le pays.

A l'heure actuelle, 2 ou 3 annamites par an sont admis à jouir des droits de citoyens, c'est « la naturalisation au compte-gouttes», alors que dans les Indes françaises, il suffit aux natifs de faire un acte de renonciation pour devenir français. Les Sénégalais des quatre communes de Dakar sont français. Pourquoi les Annamites instruits seraient-ils moins bien traités ?

Pour le reste de la masse du peuple annamite, il est indispensable de le doter d'un statut Indo-Chinois qui assure aux indigènes un minimum de droits politiques et civiques nécessaires à leur libre évolution dans la collectivité franco-annamite.

RÉFORMES SOCIALES. — L'emploi des enfants de 10 à 13 ans, des deux sexes, dans les ateliers et les usines est courant, pour des salaires de famine, allant de 9 à 15 sous, soit au taux de 10 francs la piastre, de 0 fr. 90 à 1 fr. 50. Ces pauvres diables de « Nhos » travaillent dans les conditions les plus défectueuses, qui ne sont soumises à aucun contrôle. Salaires de famine, d'une part, mauvaises conditions de travail, d'autre part, tel est le lot de la main-d'œuvre indigène livrée pieds et mains liés au capitalisme exploiteur, sous l'œil bienveillant du Gouvernement colonial. Bien que dans ces conditions, les accidents du travail soient très fréquents, les victimes ne reçoivent aucune indemnité, les Chambres de Commerce et d'Agriculture locales s'étant formellement opposées à la promulgation de la loi du 9 avril 1898 sur les accidents du travail. Ces chambres sont composées presqu'exclusivement de Français. Un éminent avocat parisien Me Hersant, a publié une étude approfondie sur ce sujet, pour demander l'application de la loi française, mais le gouvernement métropolitain n'a pu réussir à la faire accepter par la colonie, craignant de heurter les intérêts de la haute finance toute puissante en Indo-Chine. Une telle exploitation de l'indigène constitue une grave menace pour l'avenir de notre race en même temps qu'elle offre un spectacle des plus impropres à inspirer aux sujets et protégés les sentiments d'affection et de confiance nécessaires à la durée et à la solidité de l'œuvre française. Un éminent écrivain français, M. Rolland Dorgelès, qui a visité notre pays, a relaté sommairement ce spectacle attristant dans sa « Route Mandarine » où nous lisons ces lignes dont tout commentaire ne pourrait qu'affaiblir la portée: « Quand je visitai Hongay, les carrières noires grouillaient d'ouvriers. Etres vêtus de loques. Piocheurs aux bras maigres. Des femmes aussi dont la bouche rougie de betel semble saigner. Derrière le wagonnet des « nhos » de dix ans s'arc-boutent, petits corps secs, visages épuisés, sous le masque de charbon ». Pour l'honneur de la France, du drapeau tricolore qui flotte là-bas, au nom de l'Humanité, nous supplions le Gouvernement protecteur de protéger notre race contre l'exploitation sans frein du mercantilisme européen. Cette exploitation attire sur la France la haine de tout un peuple.

REPRÉSENTATION INDIGÈNE. — Une telle situation n'existerait pas ou serait sensiblement atténuée si les indigènes possédaient une représentation effective, qualifiée, auprès de l'Administration locale et du Gouvernement Métropolitain, au lieu d'une caricature de conseillers à divers degrés, des beni-oui-oui, admis seulement à jouer le rôle de complices muets d'un régime inhumain au suprême degré. Nos représentants, d'ailleurs en minorité dans toutes les assemblées électives locales, sont, 90 pour 100, nommés plutôt qu'élus ; ce sont des figurants que l'Administration achète au moyen de décorations, de dépôts d'alcools, de concessions domaniales. La représentation indigène à tous les degrés n'existe en réalité que sur le papier, dans les discours des gouverneurs. Une telle situation politique ne peut manquer de provoquer à la longue un profond découragement parmi les Annamites qui finissent par se désintéresser de la vie publique de leur pays et retirer leur confiance à la nation protectrice qu'ils rendent responsable de l'odieuse comédie qu'elle ignore. Un tel état d'esprit est gros de conséquences, s'il se prolonge au milieu des convulsions qui secouent les sociétés asiatiques, autour de l'Indo-Chine.

DEFENSE DE L'INDO-CHINE. — Ici je rends hommage à M. Georges Grandjean qui le premier, dans un journal français, a eu le courage de traiter la question.

Les événements qui se déroulent en Extrême-Orient font un devoir à ceux qui s'intéressent à l'avenir de la grande colonie française en Asie, de ne négliger aucun facteur susceptible d'en consolider la situation morale et matérielle. Il est avéré que les troupes blanches, au nombre de 3,000 à 4,000 soldats de toutes armes éparpillées sur un territoire de 710,742 kil. carrés, ne constituent qu'une défense en quelque sorte symbolique, parfaitement incapable de résister à une agression extérieure si elle ne trouvait auprès des indigènes une aide loyale et efficace. Feu le Général Pennequin, ancien commandant supérieur des troupes de l'Indo-Chine, s'étant rendu compte de cette situation périlleuse, a présenté au Gouvernement un projet d'armée annamite, qui permettrait d'utiliser les ressources du pays et qui aurait pour conséquence politique de montrer aux indigènes que la France entendait les intéresser à la garde de leur sol natal. Pendant la grande guerre, le projet Pennequin fut exhumé des dossiers poussiéreux où il dormait depuis plus de 20 ans ; mais le péril passé, on continue de se reposer sur le bouclier moral de la protection française pour sauvegarder l'Indo-Chine contre toute attaque extérieure. Sans nier que le prestige d'une grande nation comme la France ne soit une protection sérieuse, nous pensons qu'une bonne armée nationale annamite, prête à toute éventualité, ne serait pas superflue. Notre voisin immédiat, le Siam, possède une armée de 40,000 hommes en temps de paix, 300,000 en cas de guerre, avec une artillerie et un service aéronautique moderne, un camp d'avions militaires à la frontière du Cambodge ; le Japon est l'une des premières puissances militaires du monde, disposant d'une armée et d'une marine jusqu'ici invaincues. La Chine s'exerce au métier des armes dans les luttes intestines qui durent depuis vingt ans. Le protectorat français, dans la crainte d'un nationalisme annamite agressif, s'attache essentiellement à désarmer les indigènes sans se soucier qu'il serait parfaitement empêché de défendre le pays en cas d'événement sur les rivages du Pacifique.

M. G. Grandjean a écrit tout récemment dans les colonnes de ce journal : « Donc, l'Asie s'éveille. Mieux, elle s'est réveillée, en supposant qu'elle se soit jamais endormie. Un seul pays stagne : c'est l'Indo-Chine. Un seul pays reste une proie : c'est le pays conquis à l'influence française par Mgr d'Adram, par Louis XVI et la Convention ; le pays acquis par Jules Ferry, le pays où tombèrent Rivière et Francis Garnier.

« Face à l'Asie modernisée, nous avons retourné la situation à notre désavantage. Le pays somnolant : c'est le nôtre.

« Je précise : le pays où la population indigène a été le moins initiée aux principes de la civilisation européenne c'est le pays où flottent les couleurs de la République. »

Et, M. Grandjean n'a écrit ces lignes qu'après avoir vécu en Indochine, visité ses provinces, connu ses habitants.

Cette politique des pieds et mains liés, d'émasculation en un mot, ne saurait surprendre de la part du gouvernement colonial ; c'est l'abaissement du peuple protégé dans tous les domaines pour la commodité d'une administration autocratique à courte vue, qui ne vise qu'à l'exploitation des ressources du pays, richesses naturelles et main-d'œuvre indigène, au profit de quelques capitalistes, soutenus par une presse puissante qui s'attache à cacher la vérité à la Métropole tout en voilant aux yeux des indigènes la vraie figure de la France idéaliste et généreuse.

REGIME DES MONOPOLES. — Sans se soucier du développement économique de notre pays et ni de la santé de notre race, l'administration coloniale a créé en Indochine des monopoles soit pour alimenter les caisses du Trésor, soit pour assurer des profits scandaleux à des capitalistes français.

La gabelle est instaurée depuis M. Doumer. Le sel produit par l'indigène lui est payé par la douane à 0,40 cents de piastre les 100 kilos pour être revendu à 3 piastres à des marchands en gros favorisés, qui les revendent au consommateur 6 ou 7 piastres les 100 kilos. Cette régie a donné lieu à un trafic scandaleux dans lequel trois agents indigènes et deux agents français dont un occupait les hautes fonctions de directeur des Douanes et Régies au Cambodge viennent d'être pris en flagrant délit et condamnés à la prison par la Cour de Saïgon.

REGIE D'OPIUM. — L'administration française prépare elle-même l'opium et installe des débits et fumeries d'opium sur tout le territoire Indo-Chinois. Si l'on exige l'acte de naissance pour admettre un enfant à l'école, aucun papier n'est demandé pour lui vendre un tael d'opium. La seule liberté qu'on nous laisse est celle de nous intoxiquer !

REGIE D'ALCOOL. — L'alcool de riz ou le choum-choum est fabriqué par la Société française des distilleries qui seule, avec quelques chinois, possèdent ce droit. Ce breuvage divin est mis à la portée de tous les indigènes par une organisation commerciale savante. Tout le territoire Indo-Chinois est couvert de débits d'alcool qui, par une ironie cruelle, se signalent à l'attention publique par un drapeau tricolore hissé fièrement sur la toiture. Sur ou sous ce drapeau, on lit : R. A. République Annamite sans doute ? Que non pas ! cela signifie : régie alcool.

Si l'Annam possédait autant d'écoles que de débits d'alcool et d'opium, le peuple annamite serait le plus instruit du monde !

Nous engageons ceux de nos lecteurs qui veulent approfondir la question de lire les articles du « Paris-Midi » des 14 et 15 octobre 1925.

CONCLUSION. — Le tableau que nous avons tracé de l'Indo-Chine n'est pas noirci à l'envi ; nous avons essayé de décrire la situation avec la plus parfaite sérénité d'âme. Notre seul but est de renseigner le Gouvernement et le public métropolitain afin que les réformes nécessaires viennent pendant qu'il en est encore temps sauver là-bas une œuvre française vieille de 70 ans. Cette œuvre, une oligarchie coloniale dans son aveuglement entêté menace de la compromettre à jamais à force d'incompréhension et d'égoïsme.

Un groupement ethnique de 20 millions, dont 18 millions

d'Annamites, intelligents et travailleurs, lettrés et artistes, habitant l'une des contrées les plus fertiles du monde, dotée de ressources naturelles considérables, semble vivre entouré d'une barrière de fils de fer barbelés, isolé du reste du monde. Ils dorment dans l'enclos d'un sommeil léthargique voisin de la mort. Tel est le bon plaisir de l'Administration coloniale. Telle a été notre organisation économique, administrative, politique et sociale, il y a soixante ans, telle elle est encore aujourd'hui à quelques détails près. Le haut négoce par contre est en des mains étrangères. L'indigène produit et paie, le reste ne le regarde plus : telle est la volonté du gouvernement colonial **qui prétend agir au nom de la France !**

Serions-nous suspects ?

Après Georges Grandjean, écoutez parler Roland Dorgelès. L'auteur de « Sur la Route Mandarine » écrit : « Mais c'est un mal aussi, un mal mortel, car ces accaparements, ces monopoles de fait vont augmenter autour de nous la somme de haine; un mal, parce que la France n'est pas allée conquérir ces terres lointaines pour le seul profit de cent gros porteurs de titres ; un mal parce que beaucoup de ces affaires gonflées par les spéculateurs, sombreront dans un krack ; un mal parce que l'indigène libéré par la France de la tyrannie des mandarins, tombe maintenant au pouvoir de ces tyrans nouveaux ; un mal parce que les petites misères font les grandes révoltes ; un mal, enfin, parce qu'il y a, de l'autre côté de la muraille de Chine, quatre cent millions de jaunes qui s'éveillent... »

La France métropolitaine ignore tout cela, parce que nos gouverneurs même ont intérêt qu'elle n'en sache rien ; si par hasard un Brieux, un Aljalbert, un Dorgelès ou un Grandjean, vient à soulever un coin du voile, toute la presse coloniale stipendiée, déverse des flots d'injures sur ces français, assez braves, pour affronter la puissance de l'or, assez généreux pour dire la vérité.

Mais que font les Annamites formés à l'Ecole française ? Luttent-ils ? Malheur à ceux qui luttent : injuriés par la presse locale, couverts d'ignominie, « anti-français », « vendus aux chinois et aux bolcheviks ! » Telles sont les plus galantes épithètes dont ils sont salués. Dans cette lutte inégale ils auraient dû succomber, mais, soutenus par le sentiment de la Justice de leur cause, les encouragements secrets de la masse du peuple, l'affection de leurs compatriotes, ils résistent tant bien que mal. Certains placent encore leur confiance dans la générosité de la nation protectrice qui ne saurait plus longtemps fermer les yeux sur un état de choses des plus périlleux.

En disant clairement et sincèrement la situation politique, administrative, économique et sociale de l'Indo-Chine française, en dénonçant les erreurs de la politique indigène pratiquée par une administration coloniale imbue de l'idée d'Exploitation, nous ne voulons pas faire œuvre destructive ; mais au contraire, contribuer à une action régénératrice. Cette action n'est-elle pas jugée nécessaire par les esprits les plus cultivés, les hommes intègres et impartiaux de l'élite française ?

Nous déclarons hautement reconnaître les bienfaits de la tutelle de la France, dont les Annamites souhaitent ardemment la continuation et la consolidation, à la condition qu'on tienne compte dans la plus large mesure de leurs aspirations, qu'on cesse de comprimer leurs élans les plus nobles vers le développement intégral de leur personnalité humaine.

Nous nous refusons à croire que la France, une fois avertie, continuera de couvrir de son prestige, la politique coloniale fondée sur la compression des races. Le sort des armes lui a confié la haute mission de guider l'évolution de ces peuples sur la voie du progrès. Qu'elle ne l'oublie pas.

En éclairant l'opinion publique métropolitaine sur les gestes administratifs coloniaux qui trahissent manifestement la pensée française, nous avons conscience de servir à la fois la France, notre patrie intellectuelle, et l'Annam notre pays de naissance. Nous voulons dissiper les malentendus qui constituent la cloison étanche qu'une administration coloniale attardée s'efforce de maintenir entre les deux peuples, français et annamite, pour exploiter l'un en trahissant l'autre.

Si, comme nous l'espérons, notre voix est enfin entendue, nous demandons au Gouvernement Métropolitain de créer à Paris même une commission de réformes indo-chinoises, semblable à la commission tunisienne (1) ; elle travaillera en dehors de l'atmosphère méphitique de Hanoï ou de Saïgon. Des membres annamites, élus par leurs compatriotes, viendraient exposer les doléances indigènes devant les membres désignés par le Gouvernement parmi les hautes personnalités françaises parlementaires, littéraires, scientifiques, techniques et professionnelles. Les résultats obtenus par cette Commission seraient strictement appliqués dans des délais impératifs sans qu'il soit possible au Gouvernement colonial de remettre au lendemain par des promesses fallacieuses ou sous le prétexte futile que l'heure n'est pas venue de procéder aux réformes reconnues légitimes. Pendant plus d'un demi-siècle, les Annamites ont fait le plus large crédit à la France, il serait temps pour eux de savoir si la France tutrice se propose comme on leur a dit et répété, de les élever au rang des peuples modernes, ou de les assimiler à de perpétuels mineurs. Tout autour de nous, l'humanité marche à grands pas. Le Japon est passé de la monarchie la plus absolue au régime constitutionnel. Le Japonais vote au Japon. Il s'est placé parmi les premières puissances du monde, au point de vue militaire et économique. La Chine qu'on disait momifiée dans sa civilisation millénaire, est devenue républicaine ; ses armées sont respectables, son commerce et son industrie en progression constante. Le Siam, pays plus petit que l'Annam, moins peuplé et moins riche est un état indépendant, qui traite d'égal à égal avec la France et les autres pays du monde. Seule, en Extrême-Orient, la contrée qu'on appelle amoureusement dans les discours officiels « la France d'Asie », est habitée par 20 millions d'habitants dépourvus de statut politique, privée des moyens de s'instruire, tenue éloignée de toute participation à vue publique et de la défense de sa propre patrie. O ironie ! On semble croire que quelques centaines de kilomètres de

---

(1) A la suite d'un meeting organisé à Paris en 1924, les Etudiants annamites ont voté un programme de réformes qui a été transmis au Gouvernement français, à M. le Président de la République et à des parlementaires.

routes « automobilables », de chemins de fer et de canaux, doivent suffire à la satisfaction intégrale d'un peuple qui se réclame d'une civilisation millénaire. Une telle situation ne peut être fondée que sur une simple équivoque. C'est pour cette raison que les Annamites estiment opportun de demander à la nation tutrice, à laquelle ils ont donné des preuves irrécusables d'attachement, de vouloir bien leur dire ce qu'elle entend faire du patrimoine national.

Si la nation tutrice veut faire du peuple d'Annam un ami et un collaborateur sûr, sa sentinelle avancée en Extrême-Asie, elle peut être assurée que demain comme hier, nos compatriotes lui apporteront loyalement toutes les ressources de leur pays.

Sans jouer au prophète, face à la jaune Asie modernisée, je n'hésite pas à déclarer que ne pas « moderniser » à son tour l'Indochine, ne pas la mettre en état de self résistance, c'est la perdre avant 15 ans. Notre pays est une proie sans défense. L'affairisme colonial et la bureaucratie profitent aujourd'hui de cette proie. Au-delà du Mékong, le Siam attend son heure, aux confins des mers, le Japon observe, derrière les monts du Yunnam le Chinois s'apprête.

Les trois couleurs seront-elles amenées sur le Balcon du Pacifique ? Notre sort est-il tout simplement de changer de maître ? Esclaves, peu cela nous importerait !

Hélas ! les coupables qui auront causé le désastre, les éternels petits hommes, manœuvrés, dominés, par un intérêt immédiat, ceux qui confondent leur fortune et celle de la France, tous ceux-là auront disparu depuis longtemps. La vie en aura fait de la poussière.

Seule la France et l'Annam : l'une trahie, l'autre jugulé supporteront les conséquences terribles d'une politique sans clairvoyance et sans honneur.

Pour moi, j'estime avoir accompli mon devoir le plus strict de citoyen français fils d'Annam. Soient remerciés tous les Français dont l'amitié nous est acquise dans la tâche entreprise de faire connaître à la France la situation exacte de notre pays ?

Il ne nous reste plus qu'à attendre... Les Naufrageurs coloniaux, les éternels ennemis de Lally-Tollendal l'emporteront-ils ? L'Indo-Chine subira-t-elle le sort des Indes ?

Ce n'est pas aux Annamites de répondre.

BUI-QUANG-CHIÊU,

Chef du parti contitutionnaliste Indochinois
de passage à Paris.

ANNEXE

Paris, le 5 juin 1925.

Monsieur le Président de la République,

En présentant au Gouvernement de la République les revendications contenues dans l'ordre du jour ci-joint voté, à l'unanimité, par plus de 800 Français et Indochinois réunis le 25 mai dernier à la Salle des Sociétés Savantes, le peuple Indo-Chinois se recommande à votre haute bienveillance et à votre esprit d'équité pour faire aboutir le programme de réformes proclamé solennellement devant le monde et dont le retard dans la réalisation a causé un préjudice considérable aux intérêts de la France et de l'Indo-Chine.

Etouffée dans le cadre étroit de ses institutions vétustes qui ne répondent plus aux besoins de grandes collectivités, l'Indo-Chine, après avoir fait preuve de sagesse et de patience pour éviter le retour de fâcheux événements dont elle a été, hélas, plus d'une fois le théâtre sanglant, réclame aujourd'hui un peu plus de lumière et de liberté...

Au cours de la dernière guerre, ses enfants ont apporté à la France menacée le concours de leurs bras et de leur sang, il serait juste qu'en retour, la Mère-Patrie leur accordât le droit de vivre dignement leur vie.

Partisans du progrès dans l'ordre, nous répudions les méthodes violentes d'où qu'elles viennent, estimant que, seule, la conquête des cœurs est la meilleure et la plus durable.

Pour dissiper toute équivoque dans nos intentions, nous croyons devoir traduire la pensée unanime de nos compatriotes en déclarant aujourd'hui que la tutelle française est nécessaire à notre évolution et en reconnaissant à la Nation suzeraine cette vertu éducatrice qui fait de la France le champion du Droit et de la Liberté.

Colonial de cœur et d'origine, « ayant passé la plus heureuse partie de votre existence dans notre pays », vous êtes mieux qualifié que quiconque pour reconnaître nos légitimes aspirations.

Aussi nous venons très respectueusement soumettre à votre bienveillant examen les modestes vœux formulés ci-contre qui sont les principes élémentaires mêmes des droits de l'homme proclamés par la France de 89.

Dans l'attente d'une réponse favorable à notre supplique, nous avons l'honneur, etc...

Paris, le 5 juin 1925.

Monsieur le Président du Conseil, Ministre de la guerre,

Monsieur le Président,

Conformément au vœu exprimé par plus de 800 Français et Indo-Chinois, réunis le 25 mai dernier à la Salle des Sociétés Savantes, nous avons l'honneur de vous faire parvenir ci-joint, l'ordre du jour concernant les revendications du peuple Indo-Chinois, en vous priant de les examiner avec la plus grande bienveillante attention.

Lors de votre voyage en Extrême-Orient, vous avez pu constater les progrès matériels accomplis par la France en Indo-Chine qui provoquèrent, à un moment donné, l'admiration enthousiaste des étrangers de marque, tel que le regretté Lord Northcliffe.

En dépit de ces apparences qui cachent mal le fossé qui sépare chaque jour davantage le protecteur du protégé, malgré 65 ans d'occupation française, le peuple Indo-Chinois souffre moralement d'un régime d'inégalités de traitement manifeste ainsi que vous pourrez vous en rendre compte par vous-même par la lecture de la brochure ci-jointe.

Fermement désireux d'apporter aujourd'hui notre modeste collaboration à la France républicaine dont vous êtes le gardien vigilant, nous vous prions de bien vouloir soumettre au Conseil des Ministres les vœux que nous avons formulés.

Nous n'ignorons pas que la France est aux prises avec les difficultés d'ordre divers, mais ne pourrait-elle pas distraire un moment de ses occupations absorbantes pour jeter un coup d'œil rapide sur son enfant lointaine qui ne demande qu'à l'aider sérieusement comme elle l'a déjà fait pendant la guerre.

Veuillez agréer, etc...

Paris, le 1er août 1925.

Monsieur A. Varenne, Gouverneur Général de l'Indo-Chine,

Monsieur le Gouverneur Général,

La Colonie Indo-Chinoise de Paris salue, de ses acclamations unanimes, votre nomination au poste de Gouverneur Général de l'Indo-Chine et a le très grand honneur de vous présenter l'expression de ses respectueuses félicitations.

Au moment où le peuple Indo-Chinois, sur la foi de promesses fallacieuses, attend en vain leurs réalisations, votre nomination a, pour nous, la valeur d'un symbole.

Depuis à peu près trois-quarts de siècle, il a subi avec patience une politique de tâtonnements qui se traduit par une peur irraisonnée de nous ne savons quelles conséquences néfastes de notre évolution et du spectre bolchevique qui n'existe que dans l'imagination féconde de certains politiciens à courtes vues.

Cette politique d'asservissement se résume dans cette formule lapidaire d'un conseiller colonial français, illustrée d'ailleurs d'un « plan horizontal » conçu par le Représentant de la France en Indo-Chine :

« La richesse de la Colonie repose sur les cultivateurs. Le jour « où on les arrachera à l'ignorance dans laquelle ils croupissent, « ils lâcheront la terre et nous serons fichus ! »

Certes, nous ne voulons pas croire à la faillite de la « mission civilisatrice de la France », mais cette formule présente, pour le moins, des symptômes inquiétants. Car, si par malheur, elle venait à être réalisée, c'en serait fait de l'avenir d'un peuple de 20,000,000 d'habitants condamné à végéter dans les ténèbres, alors que ses vassaux d'hier prennent place parmi les nations civilisées et sont traités sur le même pied d'égalité que la nation tutrice.

L'heure est venue où les tergiversations doivent disparaître à jamais avec les principes surannées du pacte colonial et son cortège d'égoïsmes sacrés, pour faire place à une politique libérale et clairvoyante, conforme à la belle tradition de la France républicaine.

Forts des garanties précieuses d'impartialité que vous confèrent vos opinions, votre caractère et vos fonctions, nous mettons tous nos espoirs en vous, Monsieur le Gouverneur Général, pour mettre fin à un régime autocratique, affranchi jusqu'ici de tout contrôle, et hâter la réalisation des grandes réformes promises.

Nous sommes heureux de vous remettre, avant votre départ pour l'Indo-Chine, l'ordre du jour ci-joint, voté à l'unanimité par plus de 800 Français et Indo-Chinois réunis le 25 mai dernier à la Salle des Sociétés Savantes.

Il serait manifestement contraire aux principes de 89 qu'en plein vingtième siècle, les Indo-Chinois dont le passé millénaire plaide éloquemment en leur faveur, n'aient même pas les droits les plus élémentaires de l'Homme et du Citoyen.

Veuillez agréer, etc...

NOS DESIDERATA

Les Français et Indo-Chinois réunis le 25 mai 1925, à 21 heures, à la Salle de l'Hôtel des Sociétés Savantes, sous la présidence de M. Phan Chau Trinh, après avoir entendu les exposés de MM. Nguyen an Ninh, Diêp Van Ky et Duong Van Giao, sur la situation générale de l'Indo-Chine, adoptent, à l'unanimité, l'ordre du jour suivant, destiné à être soumis au Gouvernement de la République :

« Convaincus qu'une politique d'association franche et sincère « fondée sur le sens pratique et l'esprit de réalisation est seule ca- « pable de faire régner une bonne entente franco-annamite dans « le cadre de la paix et de la confiance mutuelle ;

« Comptant sur la tradition républicaine de la France ;

« Les Français et Indo-Chinois réunis ce soir demandent au « Gouvernement de bien vouloir examiner la situation actuelle de « l'Indo-Chine et prendre toutes mesures urgentes propres à assu- « rer à l'Union Indo-Chinoise :

« A. — 1° Un statut politique conforme à son évolution ac- « tuelle ;

« 2° Une représentation **effective** de ses intérêts vitaux tant en « France qu'en Indo-Chine ;

« 3° La naturalisation **de droit** ouverte aux indigènes qui rem- « plissent les conditions exigées par la loi et qui désirent en béné- « ficier ;

« 4° La liberté de la presse en langue indigène et en chinois ; « chinois ;

« 5° La liberté d'association et de réunion ;

« 6° Le rétablissement de la liberté d'enseignement (supprimée « par décret du 14 mai 1924) ;

« 7° La suppression de l'indigénat dans les pays de protectorat « (Annam, Tonkin, Cambodge et Laos) ;

« 8° L'égalité de traitement des fonctionnaires français et indi- « gènes : « A égalité de capacité, égalité de traitement. A travail « égal, salaire égal. » ;

« 9° La liberté d'émigration pour la France et l'étranger ;

« 10° La suppression de l'inégalité du service militaire ;

« 11° L'application aux indigènes des lois ouvrières (notam- « ment celle sur les syndicats et les accidents du travail) ;

« 12° La réforme de la justice indochinoise par l'octroi aux « indigènes des mêmes garanties judiciaires qu'aux Européens en « rendant la magistrature inamovible et en admettant les Indo- « Chinois à faire partie du jury.

« B. — La création à Paris d'une « **Commission d'Etudes Indo-** « **Chinoises** » composée de spécialistes et de techniciens Français « et Indo-Chinois pour résoudre les problèmes urgents et tenir le « Gouvernement au courant des desiderata indigènes. »

Toulouse. — Imp. du Sud-Ouest, 6, rue Sainte-Ursule